M. VILLEMAGNE

ÉVÉNEMENTS POLITIQUES

à Saint-Thibéry (Hérault)

en 1851-1852

SAINT-PONS
Imprimerie, Papeterie, Librairie, Reliure
Manfred Maraval

1903

Le tirage de ces pages historiques est dû aux subsides votés par le Conseil Municipal de Saint-Thibéry, dans sa séance du 28 Mai 1903, et à la générosité de notre compatriote : Manfred Maraval.

Qu'ils reçoivent ici nos plus sincères remerciements.

M. V.

Les hauts faits du devoir civique accompli se perdent avec leurs auteurs.

Les histoires locales s'éteignent avec leurs acteurs.

M. V.

PRÉFACE

L'histoire nous a appris le coup d'État du 2 décembre 1851 perpétré par Louis Napoléon. Elle nous a montré la constitution de 1848, violée par celui qui lui avait juré serment de fidélité ; — les Députés arrêtés dans leur sommeil et jetés en prison ; — les Républicains poursuivis par les commissions mixtes et déportés en Algérie et en Guyane.

Mais tous ces événements se rattachaient dans nos vues, à la France entière, la France formant un seul bloc, et ne s'étendaient pas aux particularités, qui avaient eu leur champ d'action sous nos yeux mêmes. Aussi nous a-t-il paru intéressant, à nous Saint-Thibéryen, de rechercher la part que prirent nos devanciers, dans le mouvement de protestation indignée des populations de l'Hérault, contre le crime de Louis Napoléon.

II

Les anciens de Saint-Thibéry se rappellent encore, avec émotion, les jours sombres de cette période. Les souvenirs sont encore vivaces, les épisodes ne manquent pas, car notre localité fournit un large tribut de déportés : (44 déportés en Afrique, sur une population de 1,710 habitants en 1851). Beaucoup firent tout leur devoir, quelques-uns montrèrent un héroïsme civique. Exhumer tous ces souvenirs, les coordonner, sortir de l'ombre les noms de ceux qui payèrent de leur liberté, de leur vie, leur attachement à la République : Voilà la tâche que nous nous sommes imposée.

Les récits entendus de la bouche même des survivants parmi ces hommes du devoir nous ont amené à distinguer, dans la suite de ces événements, deux périodes.

En premier lieu, la période sublime : l'appui en masse prêté aux citoyens de Pézenas avec les dangers courus dans cette circonstance, — la libération des républicains de la commune de Caux, enfermés dans la geôle municipale du chef-lieu de canton, — l'institution de la commission municipale à St-Thibéry.

En second lieu, la période criminelle : les arrestations, — l'emprisonnement, — la terreur, la déportation en Algérie, où dix des leurs dorment du sommeil éternel.

Tout cela raconté simplement, comme on raconte le devoir accompli, disait les joies ressenties, les souffrances endurées. Le cadre où s'était déroulée chaque action remuait en eux un souvenir. C'étaient la maison de leur père ; — le terrain du domaine de l'île, où ils avaient été poursuivis ; — la « tourré » du village, où ils avaient été premièrement enfermés, et beaucoup d'autres minutieux détails... et puis, c'étaient des souvenirs de là-bas, par delà la mer. C'étaient aussi d'autres récits, des jeunes, ceux-là, de ceux qui, étant enfants à l'époque critique, se rappelaient, depuis leur premier âge, la vue des escouades de soldats apprêtant la marmite au coin de la rue, la vue de leurs parents enchaînés, les scènes de désespoir de la population. Tous ces faits marquant dans leur cœur une trace indélébile.

Ce sont ces renseignements, donnés par les héros mêmes, que nous nous sommes efforcé de reproduire, suppliant le lecteur de ne pas chercher dans ce récit une œuvre littéraire; de ne considérer que l'évolution des faits qui se prêtent d'ailleurs d'eux-mêmes, aux conséquences de notre publication, plutôt qu'à la la manière dont ils sont présentés.

Nous serons largement récompensés, si la lecture de ces nobles actions peut sortir de l'oubli et donner une petite place, dans la postérité, aux cœurs généreux, qui, spontanément et pour ainsi dire sans en comprendre la beauté, en furent les auteurs.

Cette publication intéresse tous les citoyens.

C'est un livre d'histoire et non de justice.

Saint-Thibéry, le 4 juin 1902.

M. VILLEMAGNE.

ÉVÉNEMENTS POLITIQUES

à Saint-Thibéry (Hérault) en 1851-1852

TITRE PREMIER

PÉRIODE SUBLIME

CHAPITRE PREMIER

Nouvelle du Coup d'Etat à Saint-Thibéry
Indignation de la population
Décisions.

En l'absence de proclamation officielle, le plus grand des attentats commis contre la Nation, le 2 Décembre 1851, est connu à Saint-Thibéry, le lendemain de son exécution, par des délégués, (1) des

(1) Délégués, affiliés à la société secrète, dont les adeptes, nombreux à Saint-Thibéry, avaient pour mission la défense de la République

messagers volontaires, venus de Béziers et de Pézenas.

L'annonce de l'odieux guet-apens dressé contre les Représentants du Peuple provoque chez tous les honnêtes gens une légitime indignation.

Dans une effervescence patriotique, quelques réunions de républicains ont lieu dans la soirée.

Par la lecture du texte de la Constitution du 4 novembre 1848, la trahison du Président de la République apparaît à tous les cœurs. La conduite de Louis Napoléon Bonaparte, qui avait prononcé le serment : « *En présence de Dieu et devant le Peuple Français, représenté par l'Assemblée Nationale, de rester fidèle à la République démocratique une et indivisible et de remplir tous les Devoirs que la Constitution imposait* » (1) y est flétrie comme il convenait.

Dans ces milieux, sous l'impulsion du plus pur patriotisme et en vertu des droits conférés par la loi: « l'*Assemblée Nationale confie le dépôt de la Constitution et des droits qu'elle consacre à la*

(1) Article 48 de la Constitution de 1848.

garde et au patriotisme de tous les Français » (1) prend naissance la proposition de se rendre en masse à Pézenas.

Selon l'habile trame du complot qu'ourdit le Coup d'Etat, la force inconsciente de l'armée fut mise en mouvement dans toutes les villes de garnison pour assurer l'usurpation des pouvoirs communaux, comme elle avait assuré, à Paris, les pouvoirs de l'usurpateur. Les mystérieux desseins consistaient à maintenir, sous la domination des armes, les principaux centres. Par leur isolement, les petites localités avaient été négligées. C'est ainsi que la ville de Pézenas (pour ne parler que de la Cité se rattachant à notre récit) était soumise à un état de siège, alors qu'aucun danger ne menaçait Saint-Thibéry, qu'aucun ordre n'y transpirait pour affirmer le pouvoir naissant.

Si nos compatriotes n'avaient pas connu le culte de l'Honneur, s'ils n'avaient pas eu l'amour de la Patrie et de la République, il est probable qu'ils auraient attendu, patiemment, dans leurs logis, la

(1) Article 110 de la Constitution de 1848.

suite des événements. Mais la voix de leur conscience les convie à affronter le danger. Les institutions du peuple sont en péril à Pézenas. Ils vont courir où le Devoir les appelle, pour la défense des droits de tous les Français.

CHAPITRE II

Marche sur Pézenas
Appel aux citoyens de Nézignan l'Évêque

Le samedi 4 décembre 1851, à une heure de l'après-midi, environ 400 défenseurs volontaires de la loi se mettent en route sur Pézenas.

Et l'on voit ces honnêtes citoyens, qui ont contribué, de toute leur ardeur et de toute leur sincérité, au rétablissement de la République, négliger leurs intérêts personnels, pour se donner sans restriction à la Démocratie.

N'est-ce pas le plus bel exemple d'abnégation et de dévouement civiques, sorti des masses profondes de la Nation, que celui de voir des travailleurs, habitués aux durs labeurs de la terre, ne connaissant que les plaisirs du repos et les joies de la famille, se lever, par instinct, pour assurer le respect des lois, comme se lèvent les membres d'une même famille, pour défendre le patrimoine commun lorsqu'il est menacé ?

Forts de leurs droits, grandis par le rayonnement intérieur qui se dégage des nobles causes, guidés par la raison, encouragés par la population, approuvés par leur conscience, ils vont, fiers et libres, faire prévaloir le respect sacré dû à la souveraineté du Peuple.

En dehors de la légalité du soulèvement des Saint-Thibéryens, le Patriotisme ne les incitait-il pas à châtier un criminel ? L'Humanité ne les conviait-elle pas à protester ?

Aussi, leur soulèvement, à la voix seule de l'Honneur, est-il la plus belle page de notre histoire locale.

En avant ! que force reste à la loi. Et dans un enthousiasme délirant, les soldats volontaires, munis de gros bâtons, pour la plupart, de fusils, pour quelques-uns, sans chefs, sans étendard, mais chacun relevant de son for intérieur et portant au cœur le signe de ralliement, ils s'ébranlent à la cadence du tambour vers le Devoir.

La route de Saint-Thibéry à Pézenas traverse la commune de Nézignan-l'Evêque. La colonne s'arrête dans cette localité. Le tambour bat le rappel. Aux citoyens accourus au rassemblement, il est expliqué l'objet du déplacement qu'ils ont sous les yeux et 80 d'entre eux, exhortés par les meilleurs sentiments, grossissent la petite troupe qui reprend sa marche.

A l'approche du point de destination et après conciliabules, la colonne décide de se porter aux renseignements à la Mairie, par deux voies différentes.

CHAPITRE III

A la Mairie de Pèzenas
Grave danger
Libération des prisonniers de Caux

Une compagnie du 12me régiment d'infanterie de ligne loge à l'Hôtel de Ville de Pézenas et en a la garde.

Les groupes des volontaires de Saint-Thibéry et de Nézignan-l'Evèque, auxquels s'était joint une foule compacte de citoyens de Pézenas, arrivent dans la rue de la Mairie. Ils sont arrêtés devant le collège, tenus en joue par les soldats.

Le moment est critique.

Le danger imminent.

La moindre étincelle qui jaillisse va mettre le feu aux poudres.

Qu'une poussée se produise, le combat devient inévitable. Tous les regards se portent anxieusement vers les canons des fusils (1). Heureusement la foule se recueille et demande à parlementer. La communication des télégrammes officiels est réclamée ; satisfaction est donnée. Mais, pendant cette lecture, circule le bruit que des citoyens de la commune de Caux, venus le matin au chef-lieu de canton, manifester de leur attachement aux institutions républicaines et prendre connaissance des nouvelles de la Nation, sont enfermés à la geôle municipale.

L'annonce de cette nouvelle atteinte, portée à la liberté individuelle, exalte les cerveaux.

Les manifestants ne s'écoutent plus.

---

(1) D'aucuns prétendent que les citoyens Garenc Etienne Pierre et Cauvet François auraient tenus en joue le Lieutenant qui commandait la compagnie, et l'auraient menacé de mort, s'il donnait l'ordre de faire feu, et que, grâce à la hardiesse de ces Saint-Thibéryens, le sang ne fut pas répandu.

On dit aussi que l'officier visé ci-dessus fut interné pendant un mois au fort Brescou, pour l'acte de faiblesse dont il s'était rendu coupable en cette circonstance.

Une sourde clameur couvre la voix du fonctionnaire.

La foule devient houleuse.

Bien à propos, l'élargissement des détenus, réclamé impérieusement, est ordonné immédiatement.

La manifestation se transporte alors à l'île des 3 pigeons, devant la geôle municipale.

Les portes de la prison s'ouvrent, l'enthousiasme éclate. La joie apparaît sur tous les visages, comme pour une première victoire. La petite troupe Saint-Thibéryenne est fière d'avoir obtenu la liberté pour ses frères prisonniers. Puis, les embrassades terminées, les effusions calmées, le devoir les rappelle à la réalité. Les courageux citoyens, retrempés d'une nouvelle vigueur, veulent se ressaisir ; ils parlent de prendre la Maison commune et d'y établir une Commission Municipale, fermement attachée à la République.

Mais il est 5 heures du soir, le crépuscule des journées d'hiver arrive vite, suivi de la nuit, qui vient suspendre l'exécution des mesures à prendre, en même temps que finir la journée.

La nuit effraye par son mystère.

Les actions honorables aiment, au contraire, la pleine lumière.

Nos braves compatriotes pensent alors à regagner leurs domiciles et s'en reviennent le cœur gros.

CHAPITRE IV

Commission Municipale à Saint-Thibéry

Le Conseil Municipal de la commune de Saint-Thibéry n'avait pas délibéré, depuis le 10 août 1851. Le Maire et l'Adjoint, tout en conservant leurs fonctions, n'exerçaient plus leurs pouvoirs.

Le 5 décembre 1851, la population se donne des Représentants municipaux à son choix. Au matin, la Mairie est envahie par un grand nombre de citoyens qui s'érigent en comité exécutif, nomment, par acclamation, une commission municipale, désignent deux délégués remplaçant le Maire et l'Adjoint et les investissent de leurs attributions.

Le changement de Municipalité s'accomplit sans violences. Les clefs de l'Hôtel de Ville furent remises au premier délégué par le Secrétaire de la Mairie.

Les registres de délibération de cette époque ne font pas mention de cette succession d'Administrateurs. On trouve seulement sur les registres de l'état civil, une déclaration de naissance, reçue et enregistrée le 14 décembre 1851, par le citoyen Devès Pierre, premier délégué.

Tandis que la délégation communale, librement acclamée par le peuple, exerçait sagement les attributions qui lui avait été confiées, l'orage et la tempête s'annonçaient.

En effet, le Général commandant supérieur des 7e, 8e et 9e divisions militaires déclarait, par son arrêté du 5 décembre 1851 (1), le département de l'Hérault en état de siège. Et, sous prétexte d'assurer l'ordre, il adressait diverses proclamations de la nature de celle-ci : « *Il est interdit comme provocations à la révolte et puni comme tel par le Conseil de guerre, le port de tout signe de ralliement : cocardes, cravates, ceintures, rubans, doublures de poche rouges, etc.* » (2)

La commune de Saint-Thibéry vivait dans une tranquillité régulière, que n'atteignaient pas les

(1) Recueil des actes administratifs, département de l'Hérault, année 1851, page 231.

(2) Recueil des actes administratifs, département de l'Hérault, année 1851, page 239.

rodomontades du général Rostolan, pas plus que les mensonges du Préfet de l'Hérault, Durand Saint-Amans, quand il publie dans sa proclamation du 12 décembre 1851 (1), que « *le soulèvement des communes entières du département n'a eu pour prétexte et pour but que la rapine et la destruction.* » Infamie à l'adresse de « ceux qui, dans notre pensée et dans la vérité des faits, avaient été les défenseurs volontaires de la loi, à ceux qui en sont les défenseurs obligés et en quelque sorte requis » (2) comme les appelait à la tribune de la Chambre des Députés, M. Waldeck-Rousseau, rapporteur du projet de loi, tendant à accorder la réhabilitation aux victimes des commissions mixtes et à leur attribuer des indemnités, à titre de récompense nationale.

(1) Recueil des actes administratifs, département de l'Hérault, année 1851, page 259.

(2) Journal officiel, compte-rendu des Chambres, du 1er avril 1881.

TITRE II

PÉRIODE MALHEUREUSE

CHAPITRE PREMIER

Saint-Thibéry ne vote pas sur le Plébiscite
Commission imposée
Rôles intervertis

Les mesures vexatoires ne devaient pas tarder à s'aggraver. Malheureusement la commune de Saint-Thibéry ne jouira pas longtemps de la liberté. La France vient d'être conquise par les sbires de Napoléon. Ses armées vont achever de soumettre sous sa domination les nombreuses bourgades réfractaires.

Sur « *les considérations que des insurrections ont éclaté dans diverses communes du département, que les municipalités n'y sont point organisées et que l'état de trouble de ces localités y porterait un grave obstacle à la sincérité du scrutin* », le Préfet de l'Hérault, par arrêté du 17 décembre 1851 (1), ajourne dans 16 communes de l'arrondissement

(1) Recueil des actes administratifs, année 1851, page 285.

de Béziers : Abeilhan, Aumes, Bassan, Bédarieux, Bessan, Capestang, Castelnau-de-Guers, Corneilhan, Lésignan-la-Cèbe, Magalas, Marseillan, Montblanc, Puimisson, Quarante, Roujan, Saint-Thibéry, les élections qui devaient avoir lieu dans toute la France les 21 et 22 du même mois, sur le plébiscite suivant : « *Le Peuple français veut le maintien de l'autorité de Louis Napoléon Bonaparte, et lui délègue les pouvoirs nécessaires pour faire une Constitution sur les bases proposées dans sa proclamation du 2 Décembre.* »

> Que fait hors des maisons, ce peuple ? Qu'il s'en aille !
> Soldats, mitraillez-moi toute cette canaille !
> Feu ! feu ! Tu voteras ensuite, ô ! peuple roi ! (1)

Le 18 décembre, le Lieutenant-Colonel, commandant supérieur de l'état de siège dans l'arrondissement de Béziers, impose une nouvelle municipalité à Saint-Thibéry et révoque le citoyen Ménard Léopold des fonctions de conseiller municipal. Il s'exprime ainsi dans son arrêté : (2) « *Attendu que la commune de Saint-Thibéry n'a ni Maire, ni Adjoint ; qu'il*

(1) Les Châtiments : Victor Hugo.
(2) Registre de délibérations de Saint-Thibéry, année 1851.

est un membre du Conseil Municipal qui a pris part à l'émeute et s'est ainsi rendu indigne de compter dans ce corps. »

La municipalité imposée supplante la Délégation populaire et s'installe le 19 décembre.

A partir de ce jour, les mesures criminelles, commandées par l'autorité supérieure, commencent à être connues par leur exécution. La justice est bannie de notre portion de territoire, comme elle était bannie du Palais-Bourbon et de la France entière. Le droit est supplanté par la force. Les défenseurs de la loi vont être traqués et punis d'avoir tressailli au malheur du pays ; ils vont payer de l'emprisonnement, de la déportation et de leur vie même, leur attachement à la Démocratie. Ils vont subir les pires infamies pour avoir écouté la voix de leur conscience.

Feu ! feu ! Tu voteras ensuite, ô ! peuple roi !

CHAPITRE II

Commencement de violences
Arrestation de Réveille Pierre

Par publications et affiches, le 20 décembre, les habitants sont prévenus, au nom du chef de bataillon commandant l'état de siège de Pézenas, qu'ils aient à rendre, à la Mairie, les armes à feu dont ils sont détenteurs. Des perquisitions devant être faites ultérieurement et ceux qui seront trouvés encore en possession d'armes seront traduits devant un conseil de guerre.

Prélude des hostilités ; moyen sûr et lâche de remporter la victoire.

Le 21 décembre, Réveille Pierre est arrêté et enfermé à la « tourré » (1). Il se rendait à la fontaine, la cruche sur la tête, en chantant une chanson patriotique :

> Bénissons Robespierre *(bis)*
> Bénissons à jamais,
> Robespierre et ses bienfaits.

Ce chant déplut au Représentant de l'autorité municipale qui le mit immédiatement en état d'arrestation.

Envoyé à Béziers, Réveille fut interné dans les prisons de cette ville, jusqu'à son envoi à la déportation en Algérie.

Première victime des « gens de l'ordre ». Arrestation, détention et déportation aussi illégales

(1) Geôle municipale.

et arbitraires qu'infamantes et criminelles pour leurs auteurs. Du reste, par ce qui va suivre, cette ligne de conduite, cette façon d'opérer va servir d'exemple, avec, en plus, l'appui de la force armée.

CHAPITRE III

Situation topographique de Saint-Thibéry en 1851

Quelques détails sur la configuration des lieux où s'est déroulé notre récit le feront mieux comprendre.

Autrefois, entouré de murs fortifiés, Saint-Thibéry conservait encore, en 1851, des vestiges de ces fortifications. L'accès dans la ville n'était possible que par 4 portes taillées dans les remparts. Les portes étaient désignées par les noms de Montpellier, Béziers, Pézenas et Agde et chacune d'elles donnait accès sur la route conduisant à la ville dont elle portait le nom. En dehors de l'enceinte formée par les murs, les constructions étaient rares.

Au pied de ces remparts s'étendaient, d'un côté, les deux vallées de l'Hérault et de la Thongue ; de l'autre, ils étaient dominés par le plateau du Causse.

La ceinture fortifiée, élevée sous les temps féodaux pour défendre les habitants contre une agression et leur permettre une entière surveillance des allées et venues autour de la ville, devait, dans les circonstances que nous relatons, se retourner contre la population. Il fut facile, en effet, aux représentants de la nouvelle autorité, de mettre la main sur les malheureux citoyens dénoncés comme rebelles, en occupant militairement les portes de la ville.

CHAPITRE IV

Première prise de Citoyens

Dans ce but, le 24 décembre, à la pointe du jour, un détachement du 35e régiment d'infanterie de ligne, cantonné à Pézenas, vient séjourner à Saint-Thibéry.

Des ordres cachés sont lancés par ceux qui ont usurpé le pouvoir, et qui, pour le conserver, auront raison de toutes les entraves de quelque nature qu'elles soient.

Régner est notre but, notre moyen, proscrire.

Des listes de victimes sont dressées et ces victimes offertes en holocauste au triomphe de Napoléon le petit.

Pendant que les soldats cernent la ville autour

des remparts, les arrestations commencent.

DÉCOR Pierre est arraché du chevet du lit où son épouse se débat dans les douleurs de la maternité.

Sur la place publique, JOUGLA Antoine et JEAN Baptiste se voient appréhender au collet, ce dernier laissant aussi sa femme sur le point de le rendre père.

BOUSQUET Pierre et GARRIGUES Jacques, au moment d'être arrêtés, s'enfuient par les toits, mais ils sont vite découverts et après avoir essuyé quelques coups de feu, qui heureusement ne les atteignent pas, tombent quand même aux mains des soldats.

Ces 5 citoyens, enfermés quelques heures à la « tourré », sont amenés à Pézenas malgré les plaintes des parents éplorés. Ces violentes arrestations, sans aucun mandat régulier, surprennent tous les honnêtes gens. La terreur s'empare de la population.

Les citoyens dépouillés de leurs armes constatent amèrement la défense impossible et beaucoup d'entr'eux, qui se croient sous le coup de poursuites, ne voient, dans la fuite, que le seul moyen de se soustraire au joug des fers qu'on veut leur imposer.

La campagne environnante va leur servir de refuge.

CHAPITRE V

Deuxième prise

Le 14 janvier 1852, les troupes du 35me régiment d'infanterie, les brigades de gendarmerie de Pézenas et de Florensac, sont mobilisées contre Saint-Thibéry.

A la tombée de la nuit, la ville est entièrement cernée. Le couvre-feu est sonné, la circulation interdite. Un siège en règle est organisé. Défense absolue, aux habitants, de se montrer dans les rues, de sortir de leurs maisons.

A ce sujet, se place, ici, une anecdote :

Un habitant, CAZEJUST Pierre, enfreind ces ordres. Il est sorti de sa demeure située au fond d'une impasse, à côté du portail de Pézenas, quand un :

— Qui vive ? retentit à ses oreilles.

— *Amic*, répondit-il.

— Qui ça, ami ?

— *Cagocheust*. (1)

— Ah oui ! eh bien ! au large, ou sinon gare à la

(1) Prononciation patoise de Cazejust.

mesure ! lui fut-il intimé, pendant qu'il entendait le bruit sec d'un fusil qu'on armait.

Inutile d'ajouter que le paisible Saint-Thibéryen s'empressa d'obtempérer à cet ordre et de rentrer chez lui.

Pendant ce temps, des groupes armés procèdent à des visites domiciliaires, mettant en arrestation tout citoyen inscrit sur les listes de proscription. L'intérieur de chaque habitation est inspecté. Les soldats, baïonnette au canon, enfoncent les fusils dans tous les endroits susceptibles de cacher un homme, trouant les paillasses des lits, sondant les planchers, les cloisons, les murs, pour découvrir des condamnés absents.

Sont ravis ainsi à l'affection des leurs, enlevés des bras de leurs père, mère, épouse, enfants, amis, les citoyens :

BOUSQUET Louis, CHALLIÈS Jacques, CROS Philippe, MONTAULON Jacques, SILHOL François.

Sont pris aux abords de la ville en cherchant à fuir par le portail de Montpellier :

RIBES Mathieu, RIBES Jean, BÉLAMAN Célestin, ESPÉROU Frédéric.

Ce dernier engagea une lutte avec les gendarmes qui le frappèrent à coups de plats de sabre.

Les citoyens arrêtés sont emmenés et gardés au corps de garde installé à la Mairie, où siègent en permanence les chefs du mouvement.

A part les personnes arrêtées, nombreux sont aussi les habitants qui sont arrachés de leur lit et conduits à la Mairie, puis relâchés après un interrogatoire sommaire. De ce nombre : MASSAL Jean, RÉVEILLE Pierre, le père de celui qui était déjà interné, MAS Etienne, ce dernier rejoint, bientôt, à la Mairie, par sa mère lui apportant une tisanne qu'il ne voulut point d'ailleurs.

Toute la nuit retentit dans les rues un bruit incessant de semelles battant le pavé, de cliquetis de sabres, de coups de crosse de fusils donnés aux portes, des cris, des menaces de mort, qui tiennent la population en haleine, aux prises avec les plus affreuses tortures.

CHAPITRE VI

Au moulin de M. Haguenot
Arrestations
Menaces de mort

En même temps que la population était terrifiée à

l'intérieur, des détachements de la troupe exploraient la campagne, à la recherche des malheureux fugitifs.

Au-dessous du moulin, situé sur la rive droite de l'Hérault, en amont de Saint-Thibéry, les soldats s'emparent des citoyens MARAVAL Jean, GARRIGUES Louis.

Le feu que ceux-ci avaient allumé pour se garantir du froid donna l'éveil et les fit découvrir.

Le meunier ALBE Louis et son gendre GALZY, sont réveillés et mis en état d'arrestation pour avoir donné asile à des citoyens coupables, seulement, d'avoir accompli leur devoir.

On nous a raconté que ces prises donnèrent lieu à une scène émouvante.

Après avoir réduit à l'impuissance ALBE et ses trois compagnons, l'escorte retourne vers la ville, quand, tout à coup, une fusillade crépite dans le lointain. Le chef du détachement prend peur ; il croit à une attaque de fugitifs. Il questionne ses prisonniers, les somme de lui indiquer les positions occupées par leurs amis, mais il n'obtient pas de réponse satisfaisante. Alors, dans l'affolement, l'officier les oblige à se mettre à genoux et les invite à réciter des actes de contrition pour le repos de leur âme. Il commande à ses subordonnés : « En joue ! » et le mot « feu » allait être prononcé, lorsqu'un sergent, qui avait mis l'oreille à terre pour écouter de quel côté venait le bruit des pas, lui fit comprendre que la fusillade provenait d'un autre détachement de soldats.

Ces quatre nouveaux martyrs, ayant cru leur dernière heure sonnée, sont traînés à la Mairie.

CHAPITRE VII

Affaire de l' « Ile »
Fusillade dans l'eau

Nous avons dit plus haut que les citoyens, qui se crurent sous le coup de poursuites, avaient abandonné leur domicile et que la campagne environnante leur servait de refuge. Les parents ou amis, à heure fixe et à des endroits convenus, leur apportaient leur nourriture. Les cultivateurs mêmes, travaillant dans les vignes, partageaient, avec eux, leur frugal déjeuner. Un sentiment d'amitié, une cause commune unissait les citoyens persécutés avec tous les habitants et bien nombreux sont les cas de dévouement dont les proscrits ont bénéficié et qui leur ont permis, en recevant asile, dans des maisons de familles non suspectes, de se soustraire pendant longtemps et même de pouvoir échapper aux poursuites dont ils étaient l'objet. De ce nombre : DELMAS Philippe Denis, MARAVAL Barthélemy, SOULAGNES Adrien, etc.

L'autorité municipale même, bien que secondant les agissements de la maréchaussée, ne procédait pas directement.

Les « défenseurs volontaires de la loi » n'avaient donc à craindre que les recherches des soldats. L'arrivée de ceux-ci leur était annoncée, d'ailleurs, par le premier compatriote rencontré. Aussi s'aventuraient-ils souvent, pendant le jour, dans Saint-Thibéry ; puis, la nuit, dans la crainte de quelque surprise, ils désertaient la ville. Outre les abris dispersés qu'ils avaient établis dans les ténements de la Garrigue, des Monts, de l'Affrie, le plus grand nombre d'entr'eux se rassemblaient dans l'Ile. Là, de grands amas de paille leur offraient un excellent couchage, en même temps qu'ils y trouvaient de sérieuses garanties contre le froid.

Toujours, dans la nuit du 14 janvier, les directeurs de la chasse à l'homme, ayant appris qu'un certain nombre de citoyens poursuivis passaient les nuits couchés dans les meules de paille situées sur le territoire de l'Ile, résolurent de les arrêter dans leur sommeil.

L'Ile de Saint-Thibéry, d'une contenance de 100 hectares, est formée par deux bras de l'Hérault qui se séparent en amont de la ville et se rejoignent un peu en aval. Aucun pont ne la relie aux autres rives. Le transbordement s'effectue normalement par un bac situé à 200 mètres environ de l'ancienne porte de Montpellier. Un passeur est chargé de la manœuvre du bac. Ce bac, appartenant au domaine de l'île, est toujours, pendant la nuit, attaché à la rive au-delà.

A une heure du matin, le détachement chargé de la poursuite, se dirige du côté du bac. Les habitants de la ville ne soupçonnent pas le danger qui menace les insulaires ; d'ailleurs, le connaîtraient-ils, il leur serait impossible de les en avertir.

Heureusement, il faut héler le passeur et, dans la nuit calme, les cris poussés par les soldats se répercutent au loin. Ils sont entendus par nos héros, qui, naturellement, se sentant traqués, n'ont pas un sommeil profond. Vite ils sont sur pied, la couverture sur les épaules, car le froid est vif en janvier. Leurs yeux, faits à l'obscurité, ne tardent pas à distinguer une troupe qui s'avance vers eux. Ils ont compris immédiatement et prennent la fuite dans la direction opposée, mais ils se voient acculés par le petit bras de l'Hérault. appelé « lou brasset ». Arrivés là, que faire ? Se jeter à l'eau ou se rendre. Pas d'hésitation possible. Tous, hardiment, se précipitent dans le fleuve ; le courant emporte leurs couvertures. L'eau glacée traverse leurs vêtements, qui se collent au corps. Les malheureux atteignent l'autre rive et continuent leur course dans la nuit froide.

Derrière eux, les chasseurs d'hommes ont atteint le fleuve, à leur tour. Le chef du détachement voit, dans la nuit, de masses sombres flotter à la surface de l'eau. Lui, aussi, n'hésite pas ; esclave aveugle d'une consigne qui engendre souvent les plus belles actions, mais aussi les plus odieux crimes, il commande le feu sur ce qu'il croit être les fugitifs. Les balles pleuvent sur l'eau, à côté et sur les paquets noirs. Quand le chef les juge suffisamment criblés de projectiles, il commande de cesser le feu, ouvre les yeux un peu plus grands et voit, avec ses hommes, quels redoutables ennemis ils venaient d'anéantir. Les couvertures, avec non moins de calme qu'avant la fusillade, continuaient majestueusement à flotter à la dérive.

Le détachement n'avait plus qu'à rentrer penaud. La population, apprenant ces exploits tragi-burlesques, se partagea entre le rire et l'épouvante.

CHAPITRE VIII

Prisonniers emmenés à Pézenas
Rech Jacques Antoine arrêté à Nézignan-l'Evêque

Malgré les supplications, malgré les prières, malgré les pleurs des vieillards, des femmes, des enfants, le 15 janvier au matin, les prisonniers de la veille sont emmenés à Pézenas.

Le convoi, escorté de la troupe, s'arrête à Nézignan-l'Evêque. Le garde-champêtre de Saint-Thibéry, Rech Jacques Antoine, a été requis pour faciliter les recherches dans Nézignan-l'Evêque, pays d'origine de sa belle-sœur. Invité à faire connaître le domicile des citoyens dénoncés, il est fait prisonnier sur sa réponse négative et conduit avec ses compatriotes dans les prisons de Pézenas.

CHAPITRE IX

Troisième prise au moulin à huile
Diverses arrestations
Coups de fusils sur Ribes André
Stratagème de Vidal Pierre
Tentative d'arrestation du curé

Six jours de répit semblent accordés à Saint-Thibéry ; encore servent-ils à préparer de nouveaux brigandages.

Cette fois-ci, les atteintes portées à la liberté sont aggravées par les atteintes portées au commerce, à l'industrie, au travail.

Le 20 janvier 1852, les citoyens : FULCRAND Gratien, FULCRAND Jean, JOUGLA Philippe, ESPÉROU Christophe, VIDAL Pierre, dit *le rouleur*, occupés à l'extraction de l'huile d'olive, sont arrachés à l'ouvrage même.

Ainsi rien n'est sacré pour la besogne de Napoléon : Patriotisme — Dévouement — Affection — Travail.

En dehors de toutes ces arrestations violentes, on en compta d'autres opérées par guet-apens.

Les administrés étaient appelés à la Mairie, sous divers prétextes, et, là, sans explications, fouillés comme de vulgaires malfaiteurs et retenus prisonniers.

De ce nombre, les citoyens :

BÉLAMAN Jacques
BÉRARD Jacques Pierre
BIAU Louis
CARRIER César Dominique
CHALLIÈS Auguste Etienne
GARENC Etienne Pierre
JULLIEN Jean
JULLIEN Jean Philippe Emile
BARBAZAN Louis
MÉNARD Léopold
MILLÉ Noël
MONTAULON Séverin
OLIVIER Camille
PÉPY Guillaume
RECH Pierre
RIBES Jean
SICARD Etienne Jacques
VIDAL Mathieu

Le 6 janvier 1852, ordre est donné, par lettre, au citoyen DEVÈS Pierre, instituteur, premier délégué, d'avoir à comparaître devant le Conseil académique.

Il est fait prisonnier à quelque temps de là.

Le 4 mars 1852, jour du Mardi-gras, le citoyen RIBES André prépare la cuisson d'une dinde. Il fait tourner la broche, quand les soldats se présentent chez lui pour l'arrêter. Il s'enfuit par une porte dérobée ; il est poursuivi par les soldats qui font feu dans sa direction, sans l'atteindre.

Néanmoins, Ribes se laisse prendre peu après.

Pour marquer l'état d'esprit de l'armée, à laquelle on imposait le rôle de policiers, citons la réponse d'un militaire à l'un de ses camarades, qui se vantait d'avoir visé juste, venant, avec lui, de participer à la chasse du citoyen Ribes. « Malheureux, qu'espérais-tu donc ? Songe que ton père est peut-être traqué, lui aussi.

VIDAL Pierre, dit *quédounqué*, est arrêté au ténement des Monts, territoire de Saint-Thibéry, en pleine campagne. Arrestation opérée par le garde-champêtre de la commune, assisté du régisseur du domaine des Monts-Ramus.

Vidal, sous le coup de poursuites, se joua constamment du flair de la maréchaussée. Sans déserter son domicile, usant de stratagème, il reste introuvable, malgré les minutieuses recherches opérées dans toutes les dépendances de son habitation. Et à chaque visite le même tour était joué à ses ennemis.

Dans l'écurie, attenante à sa maison, il plaçait ses souliers au pied de l'échelle conduisant au grenier à fourrages. Par cette ruse, il donnait un indice de sa fuite. Avec des précautions infinies, les gendarmes se hasardaient à grimper à l'étage au-dessus ; puis, une fois dans la place, le foin qui s'y trouvait était bouleversé, remué paille à paille, sans donner aucun résultat. Après avoir fureté partout, les soldats finissaient par découvrir une ouverture cachée, pratiquée au toit, leur faisant présumer que Vidal s'était enfui par cet endroit.

Les perquisitions finies, le citoyen Vidal, qui était de connivence avec sa femme, sortait de sa cachette pratiquée sous la litière même du cheval.

Il nous a été aussi raconté que l'arrestation du curé de la paroisse, M. Radier, avait été tentée. Il s'en échappa, en sommant les gendarmes, qui s'étaient rendus au presbytère, de lui montrer le mandat d'arrêt en vertu duquel ils devaient agir. Et comme les représentants de la force n'agissaient que verbalement, ils se retirèrent, devant cette juste réclamation, pour en référer à leur chef.

L'affaire en resta là et n'eut pas d'autre suite.

CHAPITRE X
Prisonniers

La geôle municipale de Pézenas est vite remplie de prisonniers. On transforme alors le collège en maison d'internement.

Les patriotes de Saint-Thibéry sont détenus dans la chapelle du collège ; un peu de paille répandue sur le sol leur sert de lit.

Ainsi, le sanctuaire élevé en l'honneur de celui qui a dit : « Aimez-vous les uns les autres », est transformé en prison d'innocents. Cruelle antithèse !

Les prisonniers réduits à l'inaction restent plongés dans des rêveries sans fin. Ils ressassent à plaisir leur conduite passée et, loin d'y trouver quelque faute contre l'honneur, ils ne découvrent que des actions que la conscience se plaît à louer. Leur miroir intérieur ne reflète qu'une noble conduite. Ils n'éprouvent de regrets que ceux de n'avoir pas réussi dans les desseins dictés par le devoir à tout sincère citoyen.

Ces magnanimes défenseurs de la loi peuvent recevoir des visites, le samedi seulement, de 1 à 2 heures de l'après-midi. Cette heure est leur plus douce consolation ; elle leur permet d'entendre les voix amies, d'apprendre des nouvelles des parents, du pays ; de presser sur leur cœur leur épouse adorée, leurs enfants chéris. Et l'heure de liberté permise s'écoule inexorable, dans des élans d'affection et dans des causeries poignantes, leur laissant au cœur une grande mansuétude.

Telle est la vie de ces hommes, dont les événements ont fait des héros.

Quelquefois ils subissent des interrogatoires les poussant à la dénonciation en échange de la liberté. On n'obtient d'eux qu'un mépris absolu. La mort est préférable à l'ignominie. D'autres fois, ils répondent par l'ironie : A la question, s'il faisait partie d'une société secrète, JULIEN Jean Philippe Emile répond : « Oui, de la cour coculaire. »

A ESPÉROU Frédéric, l'on demande s'il n'a pas mangé du gâteau à Pézenas, le 4 décembre 1851 ; il répond en patois qu'il ne sait pas ce que c'est que du gâteau. On lui traduit en patois « fougasso ».

Espérou, en riant : « Ah ! sabio pas qué la fougasso èro dé gato ! Et ! bé, la fougasso la tasti pas chamaï, és touchour réserbado per lous éfans. »

CHAPITRE XI

Commissions mixtes

Les arrestations de citoyens se succédant sans relâche, les prisons, les donjons, les établissements publics ne suffisent plus pour les contenir. Il faut trouver un moyen pour les évacuer ou sinon suspendre les nouveaux rapts.

Dans les sphères gouvernementales supérieures, on opine pour le premier moyen.

Comment arriver à ce résultat ?

Les prévenus, en détention, seront-ils jugés ?

De quels crimes, de quels délits seront-ils accusés ?

Quelle juridiction les condamnera ?

Petits embarras pour des Morny, des Saint-Arnaud, des Rouher, qui représentaient les ministères de l'intérieur, de la guerre et de la justice. Il leur suffit de considérer qu'au lieu de prévenus, il n'y avait que des condamnés. Pour cela, ils improvisèrent un code, comprenant quelques nouvelles catégories de peines, dont l'application s'étendrait à tous les citoyens arrêtés. Des commissions disparates, habilement nommées, furent chargées des condamnations sans jugement.

Ces commissions mixtes, instituées les 18 janvier et 8 février 1852, distribuèrent les peines suivantes : le renvoi devant le conseil de guerre ; la transportation à Cayenne, en Algérie ; l'expulsion de France ; l'éloignement momentané du territoire ; l'internement, c'est-à-dire l'obligation de résider dans une localité déterminée ; le renvoi en police correctionnelle ; la mise sous la surveillance du ministère de la police générale.

Ces véritables tribunaux vehmiques fonctionnèrent au chef-lieu de chaque département et comme l'a très bien exprimé, à la tribune de la Chambre, dans la séance du 1er avril 1881, M. Marcou, député de l'Aude :

« Pas un préfet, pas un Général, pas un magistrat
« ne refuse cette infâme mission, de juger de
« prétendus accusés, défenseurs de la loi, sans les
« entendre et de leur appliquer des peines inconnues.
« Aucun n'eût le courage de ce célèbre Gouverneur

« d'Orthez, répondant à Charles IX qui lui ordonnait
« d'exécuter la Saint-Barthélemy, dans le territoire
« de son commandement : — J'ai dans ma garnison
« des soldats fidèles, dévoués et courageux, mais,
« je vous le déclare, Sire, je n'y ai pas trouvé de
« bourreau.

« Eh bien ! à cette époque, en 1852, on a trouvé
« des bourreaux pour transporter des citoyens et
« les envoyer mourir ou souffrir en Afrique, à
« Cayenne, à l'étranger ; des bourreaux ont plongé,
« dans le deuil, des familles, causé des douleurs
« inconsolables. »

Et plus loin, l'honorable Député, ajoute : « A quel
« moment, ces commissions ont-elles été instituées
« et ont-elles fonctionné ?

« Elles ont été créées les 18 janvier et 8 février,
« quand tout était fini.

« Dans quel état se trouvait alors la France ?

« Paris se taisait, il avait été vaincu ; la province
« était sous la terreur ; était-il donc nécessaire
« alors, après qu'on avait eu la victoire, que l'ordre,
« comme on dit, régnait, de commettre des cruautés
« inutiles ? »

CHAPITRE XII

Sentence

La commission mixte de l'Hérault condamne donc les citoyens de Saint-Thibéry, détenus au collège de Pézenas, sans les connaître et sans les entendre, à la déportation en Algérie.

Sont atteints :

1° ALBE Louis
2° BARBAZAN Louis
3° BÉLAMAN Célestin
4° BÉLAMAN Jacques
5° BÉRARD Jacques Pierre
6° BIAU Louis
7° BOUSQUET Pierre
8° BOUSQUET Louis
9° CARRIER César Dominique
10° CHALLIÈS Jacques
11° CHALLIÈS Auguste Etienne
12° CROS Philippe
13° DÉCOR Pierre
14° DEVÈS Pierre
15° ESPÉROU Frédéric

16° ESPÉROU Christol
17° FULCRAND Jean
18° FULCRAND Gratien
19° GARENC Etienne Pierre
20° GARRIGUES Louis
21° JOUGLA Philippe
22° JULLIEN Jean
23° JULLIEN Jean Philippe Emile
24° MARAVAL Jean
25° MÉNARD Léopold
26° MILLIÉ Noël
27° MONTAULON Jacques
28° MONTAULON Séverin
29° OLIVIER Camille
30° PÉPY Guillaume
31° PISTRE Jean Pierre
32° RECH Pierre
33° RÉVEILLE Pierre
34° RIBES Mathieu
35° SICARD Etienne
36° SILHOL Jacques
37° VIDAL Mathieu
38° VIDAL Pierre dit *Le Rouleur*.

Cette sentence sans pourvoi est communiquée aux intéressés, la veille du départ pour la déportation.

Le joug qui pèse sur les prisonniers leur est devenu intolérable. La longue détention dans une oisiveté pernicieuse devient insupportable à tous ces hommes, dont la vie antérieure n'est faite que de labeur. Ils étouffent dans leurs étroites cellules, eux habitués à la vie des champs. Aussi la nouvelle de leur déportation ne les déconcerte pas. Simplement ils sont avides de connaître si tous les détenus sont compris dans la mesure qui leur est notifiée. — Tous ! leur est-il annoncé, et, d'une même voix, tous répondent : « Tant mieux ! »

Nobles cœurs, malgré tous les malheurs, l'espérance ne les abandonne pas. Ils ont foi dans la marche constante de l'Humanité.

Sont remis en liberté les citoyens ci-après, détenus dans la geôle de Pézenas et dans les prisons de Béziers : ESCOURBIAT Pierre (1), ESCOURBIAT Joseph (1), GARRIGUES Guillaume, JEAN Baptiste,

(1) Ces deux citoyens de Saint-Thibéry étaient valets de ferme au domaine de Belle-Vue, lorsqu'ils furent arrêtés. Le motif de leur arrestation consistait dans l'intention qu'ils avaient eue de se rendre à Béziers le 4 décembre 1851.

JOUGLA Antoine, RECH Jacques Antoine, RIBES André, RIBES Jean, VIDAL Pierre dit *Quédounqué.*

CHAPITRE XIII

En route pour la déportation

Le 25 avril 1852, par une pluie battante, le convoi de proscrits, attachés deux par deux, citoyens des communes du canton de Pézenas et des communes environnantes, se met en marche sur Cette, à destination de Bône (Algérie) au milieu d'une escorte imposante composée de parents et d'amis.

Le cortège de ces hommes, au visage empreint de courage civique, coupables d'avoir accompli leur devoir, soulève partout, sur son passage, des démonstrations les plus sympathiques.

Ils sont embarqués à Cette, sur le vaisseau « Le Requin », nom prédestiné.

Les adieux furent déchirants et des plus émouvants. Pour beaucoup, ils devaient être éternels.

L'émotion gagna tous les assistants.

La séparation avec les êtres les plus chers, les plus aimés ; la séparation avec la grande Patrie, toucha les cœurs de ces défenseurs de la République et des larmes que la douleur physique n'avait pu arracher coulèrent abondamment.

Les larmes que fait verser la mort sont certes bien douloureuses, c'est la séparation éternelle. Mais combien amers sont les pleurs causés par une séparation qui révolte la conscience, puisqu'elle est ordonnée par la violation du plus grand des principes : celui de la liberté humaine.

Le pouvoir assis sur des lambeaux de cœur est un règne criminel.

Quelqu'un dans l'assistance dit : « On embarque des agneaux, il en reviendra des lions. »

La pensée est indestructible, elle germe et s'épanouit malgré tout.

Victor Hugo a dit : « La toute puissance du mal n'a jamais abouti qu'à des efforts inutiles. La pensée échappe toujours à qui tente de l'étouffer. Elle se fait insaisissable à la compression, elle se réfugie d'une forme dans l'autre. Le flambeau rayonne, si on l'éteint, si on l'engloutit dans les ténèbres, le flambeau devient une voix et l'on ne fait pas la nuit sur la parole ; si l'on met un baillon à la bouche qui parle, la parole se change en lumière et l'on ne baillonne pas la lumière.

Rien ne dompte la conscience de l'homme, car la conscience de l'homme c'est la pensée de Dieu. »

Pendant la traversée de la Méditerranée, quand les matelots de l'équipage, auxquels on avait fait croire qu'ils avaient à transporter des forçats, apprirent les crimes de ceux qu'ils transportaient, ils prirent contact avec eux et leur témoignèrent autant de sympathies qu'ils avaient montré de dégoût pour eux à l'embarquement.

Les transportés, débarqués à Bône, sont conduits à la caserne de la Kasbah.

En touchant la terre d'Afrique, ils entonnent en chœur la « Marseillaise » et c'est aux accents de l'hymne immortel que les Français proscrits effectuent leur entrée dans la ville de Bône.

CHAPITRE XIV

En Afrique

Dans les premiers jours de leur détention, les déportés ont à subir des mauvais traitements de la part de leurs gardiens. Toutefois, l'attitude de ceux-ci change à leur égard, lorsqu'ils savent qu'au lieu de criminels comme on leur avait appris, ils n'ont la garde que de citoyens transportés pour faits politiques.

Les détenus jouissent alors d'une liberté relative. Au bout de quelque temps, ils sont astreints au travail. Ils sont occupés, chacun selon ses aptitudes. Des ateliers de tous les corps de métiers sont organisés. On y constitue même des écoles ayant comme professeurs des instituteurs déportés.

Un lien commun dans l'amour de la Patrie et de la République unit tous ces hommes d'origines différentes.

Laissons-les, dans leur exil, rêver à une vie meilleure et revenons à Saint-Thibéry.

CHAPITRE XV

Nouvelles déportations

Notre cher pays, plongé dans la douleur, a revêtu le deuil de ses malheurs.

Après le départ des proscrits, on aurait cru que toutes les lâches vengeances fussent assouvies. Il n'en fut rien.

Les prisons avaient été vidées, afin de pouvoir de

nouveau les remplir. Les moyens employés donnaient de trop bons résultats, ils ne devaient pas être abandonnés. Aussi la chasse à l'homme recommence-t-elle à plaisir.

Le 6 juin 1852, à 4 heures du matin

39° ALMAIRAC Alexandre
40° CAUVET François
41° CAVAILLÉ Joachim
42° FULCRAND Ferdinand
43° JOUGLA Jean Pierre
44° PIERRE Jean

sont arrêtés. Enfermés à la « tourré » puis conduits dans la journée à Pézenas, où ils passent la nuit. Le lendemain, par une pluie diluvienne, ils sont dirigés sur Béziers et le 10 juin, embarqués à Marseille à destination d'Alger, sur le vapeur « La Ville de Bordeaux. »

CHAPITRE XVI

Conclusions

Ainsi donc, 44 citoyens de Saint-Thibéry, des plus valides, furent déportés en Afrique, laissant les familles dont ils étaient les soutiens, sans espoir, sans ressources, sans revenus.

Et voilà comment le patriotisme était honoré par Napoléon III.

Cependant le remords fit naître la clémence.

Dans l'espace d'une à trois années, la grâce (comme on l'appelait) fut accordée à tous les proscrits de Saint-Thibéry, mais, malheureusement, cette grâce tardive ne put atteindre les 10 patriotes :

BÉRARD Jacques
BOUSQUET Pierre
CROS Philippe
DEVÈS Pierre
GARRIGUES Louis
MONTAULON Jacques
MONTAULON Séverin
RIBES Mathieu
SICARD Etienne Jacques
VIDAL Mathieu

victimes du Devoir, morts prématurément sur le sol africain.

Leur mort doit demeurer, pour nous, comme un enseignement et nous faire aimer davantage les bienfaits de la liberté, dans notre République reconquise.

Que leurs cendres reposent en paix et que leurs noms deviennent à jamais immortels pour la Démocratie de Saint-Thibéry.

FIN

TABLE DES MATIÈRES

www.ingramcontent.com/pod-product-compliance
Ingram Content Group UK Ltd.
Pitfield, Milton Keynes, MK11 3LW, UK
UKHW031953260826
14628UKWH00005B/2022

9 782012 942769